BEI GRIN MACHT SICH IHR WISSEN BEZAHLT

AF149978

- Wir veröffentlichen Ihre Hausarbeit, Bachelor- und Masterarbeit

- Ihr eigenes eBook und Buch - weltweit in allen wichtigen Shops

- Verdienen Sie an jedem Verkauf

Jetzt bei www.GRIN.com hochladen und kostenlos publizieren

Anonym

Oda Nobunaga - Der erste Schritt zur Reichseinigung Japans

GRIN Verlag

Bibliografische Information der Deutschen Nationalbibliothek:

Die Deutsche Bibliothek verzeichnet diese Publikation in der Deutschen National-
bibliografie; detaillierte bibliografische Daten sind im Internet über http://dnb.d-
nb.de/ abrufbar.

Impressum:

Copyright © 2011 GRIN Verlag GmbH
Druck und Bindung: Books on Demand GmbH, Norderstedt Germany
ISBN: 978-3-656-33992-2

Dieses Buch bei GRIN:

http://www.grin.com/de/e-book/206660/oda-nobunaga-der-erste-schritt-zur-
reichseinigung-japans

GRIN - Your knowledge has value

Der GRIN Verlag publiziert seit 1998 wissenschaftliche Arbeiten von Studenten, Hochschullehrern und anderen Akademikern als eBook und gedrucktes Buch. Die Verlagswebsite www.grin.com ist die ideale Plattform zur Veröffentlichung von Hausarbeiten, Abschlussarbeiten, wissenschaftlichen Aufsätzen, Dissertationen und Fachbüchern.

Besuchen Sie uns im Internet:

http://www.grin.com/

http://www.facebook.com/grincom

http://www.twitter.com/grin_com

Inhaltsverzeichnis

Anhang:

- Literaturverzeichnis

1. Einleitung

In meiner Semesterarbeit möchte ich mich mit dem Thema Oda Nobunaga 織田 信長(1534-1582) auseinandersetzen. Hauptsächlich befasse ich mich mit der Thematik, wie Oda Nobunaga im Laufe der Zeit aufgestiegen ist, sich entwickelt hat und letztendlich Japan veränderte. Des Weiteren wird noch zusätzlich thematisiert werden, warum Akechi Mitsuhide 明智 光秀 (1528-1582) seinen Herrn Oda Nobunaga hinterging und wie er dies vollbrachte.

Außerdem gehe ich auf Oda Nobunagas wichtigste Schlachten ein, werde diese kurz erläutern, sowie entscheidende Aspekte unterstreichen. Zusätzlich versuche ich seinen Stil der Kriegsführung genauer darzustellen. Ich beziehe mich hauptsächlich auf Quellen, welche der englischen und vereinzelt auch aus der deutschen Sprache zu Grunde liegen. Dazu muss ich erwähnen, dass es mehrere interessante Quellen zu der Thematik über den Reichseiniger gibt, aber ich mich hauptsächlich auf die Biographie des Oda Nobunagas berufen werde. Sie wurde von Jeroen Pieter Lamers[1] verfasst und ist am verständlichsten, sehr detailliert und auf dem aktuellsten historischen Stand, im Vergleich zu mehreren anderen Quellen. Speziell wenn es um das Verhältnis zwischen Akechi Mitsuhide und Oda Nobunaga geht, widersprechen sich aber leider manche Quellen außerordentlich.

Die Kernfrage meiner Semesterarbeit soll lauten: „Wie schaffte es Oda Nobunaga den größten Teil Japans zu einen und somit zu einem der stärksten Feldherren 大名 (*daimyō*) aufzusteigen?".

Im ersten Kapitel will ich auf den jungen Oda Nobunaga, sein Verhalten am Hofe und den entscheidenden Zeitpunkt seines Aufstiegs eingehen.

Im zweiten Kapitel habe ich noch den Hintergrund angeführt, warum Oda Nobunaga oft als gnadenloser Tyrann dargestellt wird. Dazu bringe ich ein Musterbeispiel, welches sich mit dem Verhältnis Oda Nobunagas gegenüber den Mönchen des Berges Hiei 比叡山 (*Hieizan*) erklärt.

Im dritten Abschnitt werde ich dann auf seinen größten Sieg und seine einzige nennenswerte Niederlage eingehen.

---

[1]LAMERS, Jeroen Pieter. *Japonius Tyrannus: The Japanese Warlord Oda Nobunaga reconsidered.* Leiden: Hotei Publishing 2000.

Im letzten Abschnitt werde ich mich mit der Beziehung Odas und seinem Mustergeneral Akechi Mitsuhide auseinandersetzen und die Zusammenhänge sowie den Grund des Konfliktes mit Hilfe von Beispielen präzisieren.

Abschließend muss ich sagen, dass es meines Erachtens nach ausreichend viele Quellen gibt, die Oda Nobunaga explizit behandeln sowie seine wichtigsten Errungenschaften, Eroberungen und Verhaltensformen erläutern. Einzig das Verhalten des Akechi Mitsuhide und sein Coup d´État den er in Honnō-ji 本能寺 (Honnōji) gegen Oda Nobunaga ausführte, wurden in manchen Quellen verschieden dargestellt.

Ich werde in meiner Semesterarbeit, wenn ich von Oda Nobunaga spreche, nur seinen Familiennamen nennen, für Akechi Mitsuhide gilt das gleiche Prinzip, sowie bei allen anderen wichtigen Personen welche mit Oda Nobunaga in Verbindung waren.

2. Odas Jugend und Aufstieg

Oda Nobunaga war der zweite Sohn des Oda Nobuhide 織田 信秀 (1510-1551) und lebte in der Provinz Owari 尾張国 (Owari no Kuni). Oda hat sich schon in seiner Jugend bemerkenswert verhalten. Aber wohl nicht im Sinne, wie man es sich unter dem Initiator der Einigung Japans vorstellen würde. Er wanderte oftmals durch die Stadt und aß währenddessen Kastanien, Melonen und andere Früchte sowie Reiskuchen aber in einem Stil, der dem eines Bauern ähnelte. Demzufolge bekam Oda unter seinen Altersgenossen den Spitznamen Narr von Owari 尾張の大うつけ (Owari no Ōutsuke).[2]

Als Odas Vater im Jahre 1551 im Sterben lag, fragte er die Mönche ob er sich erholen würde, diese bejahten das. Nachdem sein Vater am 8. April 1551 nun starb, lies Oda die Mönche in einen Tempel sperren und erschoss einige von ihnen mit einer Arkebuse. Dies ist vielleicht ein ausschlaggebendes Ereignis, welches seinen Hass gegen den Buddhismus erklärt und somit einer der Hauptgründe seiner Gräueltat gegen die Mönche des Bergs Hiei ist, zu welcher ich noch kommen werde.[3]

---

[2] LAMERS, Jeroen Pieter. *Japonius Tyrannus: The Japanese Warlord Oda Nobunaga reconsidered.* Leiden: Hotei Publishing 2000.

[3] LAMERS, Jeroen Pieter. *Japonius Tyrannus: The Japanese Warlord Oda Nobunaga reconsidered.* Leiden: Hotei Publishing 2000.

Zur Beerdigung seines Vaters verhielt sich Oda wieder einmal für seinen Stand sehr unpassend. Er trug die falsche Kleidung, ein großes Schwert und einen Dolch. Oda ging an den Altar, warf plötzlich ein bisschen Weihrauch auf diesen und ging wieder. Alle sagten erneut über ihn, dass er sich wie ein Narr verhielt und dies bestärkte nur noch die Meinung seiner Altersgenossen gegenüber ihm.[3]

Seine Reputation war also die eines Narren, welcher sich andauernd unpassend verhalten hatte und somit stark auffiel. Höchstwahrscheinlich lässt sich dieses Verhalten am einfachsten damit erklären, dass ihn niemand seiner Familie für eine Gefahr hielt und ihn somit als Gegner wahrnahm. Dass er nebenbei eine Armee von ca. 1000 Mann aufbaute, viel mit ihnen trainierte und das Marschieren übte wurde wegen seines sonstigen Verhaltens weniger Augenschein gegeben. Er übte mit ihnen das Reiten bestimmter Strecken und was auch sehr wichtig zu nennen ist, ist dass Oda Nobunaga seine Männer nicht auf Grund von Stand oder Familie auswählte.[3] Er wählte jene, die am fähigsten waren und sagte ihnen wenn sie ihm mit aller Kraft und Entschlossenheit dienten, würden sie es bei ihm sehr gut haben. Dies ist wieder einmal ein extraordinärer Gesichtszug, welcher Oda einfach nur einzigartig in seiner Heerespolitik machte. Er hatte persönliche Lehrer, die ihm die Kunst des Krieges beibrachten aber selbst dabei verhielt er sich arrogant und abweisend. Einer seiner Lehrer beging sogar Selbstmord um Oda beizubringen dass er sich mehr auf seine Pflichten konzentrieren sollte.[4]

Wenige Jahre nach dem Tode seines Vaters tötete er seinen größten Feind aus der Familie. Danach lockte er einen seiner Brüder Oda Nobuyuki 織田 信行 (1536-1557) in seinem Schloss, indem er vorgab schwer krank zu sein. Dieser kam demnach zu ihm und Oda tötete ihn einfach,[5] um seine Macht auszubauen und mögliche Gefahren abzuwenden, da er ahnte dass sein Bruder ihn zukünftig angreifen würde und somit eine Gefahr darstellen könnte. Dieser Sieg bracht ihm mehrere neue Soldaten, so dass er immer mächtiger wurde.

Im Jahre 1560 war es dann soweit, Oda Nobunaga besiegte mit seiner ca. 2000 Mann starken Armee den zu jener Zeit wohl stärksten Feldherren Imagawa Yoshimoto 今川 義元 (1519-1560), welcher zwischen 20.000 und 45.000 Mann unter seinem Kommando hatte. Dies

---

[4] WESTON, Mark. *Giants of Japan The Lives of Japan's Greatest Men and Women*. New York. Kodansha America, Inc. 1999.

[5] WESTON, Mark. *Giants of Japan The Lives of Japan's Greatest Men and Women*. New York. Kodansha America, Inc. 1999.

vollbrachte er, indem er Imagawa in der Nacht bei Regen angriff, und ihn somit tötete.[6] Seine Truppen waren von der Schnelligkeit Odas Truppen verwirrt und zogen sich unverzüglich zurück. Mit diesem Überraschungsangriff erreichte Oda Nobunaga das Unmögliche und hatte sich somit einen Namen im Lande gemacht und die Einigung Japans konnte jetzt noch viel effektiver durch den so errungenen Respekt und die gewonnenen Gebiete sowie Soldaten fortschreiten.

3. Odas Verhältnis mit den Mönchen des Berges Hiei 1571

Seine gnadenlose Art war nicht unbekannt, besiegte Feinde machte er entweder zu seinen Untergenerälen oder er tötete sie einfach. Kriegsgefangene gab es für Oda nur selten, da er sie in den meisten Fällen einfach nur hinrichten ließ. Dieser Ruf schien die Hiei-Mönche wohl aber nicht davon zurückzuhalten sich gegen Oda mit anderen Feldherren zu verbünden. Oda teilte den Mönchen mehrmals mit sie anzugreifen, falls sie dies nicht ließen. Aber die Mönche trotzten ihm nichtsdestoweniger. Im Jahre 1571 war es dann soweit. In der Nacht umzingelte Oda den genannten Berg mit seinen Truppen. Der Berg war bebaut mit mehreren Tempeln, Häusern und anderen Niederlassungen des Tendai-Ordens 天台宗 (Tendai-shū) und galt zugleich als Außenposten dieses Ordens. Oda gab kurz vor Morgengrauen den Befehl diese Festung des Tendai-Ordens anzugreifen und alles in Brand zu stecken, sowie jeden zu töten.[7] Über 400 Tempel wurden zerstört, über 1500 Mönche starben, Frauen, Kinder und Männer die nicht einmal mit dem Buddhismus in Verbindung waren.[8] Mit dieser Gräueltat hatte Oda Nobunaga wieder einmal seinen Ruf als Tyrann oder gar Unmensch verstärkt.

Aber der Entscheidende Aspekt dieser Vernichtung der Mönche in den Tempeln des Berges Hiei hat eine religiöse Bedeutung, welche bis heute zu spüren ist. Die Mönche besannen sich daraufhin wieder auf alte Tugenden. Sie hielten sich aus den politischen Konflikten heraus und gaben mehrere ihrer Landflächen auf. [9] Somit hat Oda den Buddhismus, die vorherrschende Religion Japans wieder auf null gesetzt und ihnen jegliche Möglichkeiten der Unruhe genommen. Selbst nach diesem Zeichen gegen militante Mönche gab es noch einige Unruhen die Oda niederschlug. Der Buddhismus hielt sich nun also aus kriegerischen Aktionen durch das effektive, wenn auch grausame Handeln des Oda heraus.

---

[6] MCMULLIN, Neil. *Buddhism and the State in Sixteenth-Century Japan.* Princeton: Princeton University Press 1984.

[7] MATSUBARA, Hisaki. *Weg zu Japan.* Hamburg: Mohndruck Graphische Betriebe GmbH, Gütersloh 1983.
[8] LAMERS, Jeroen Pieter. *Japonius Tyrannus: The Japanese Warlord Oda Nobunaga reconsidered.* Leiden: Hotei Publishing 2000.
[9] MATSUBARA, Hisaki. *Weg zu Japan.* Hamburg: Mohndruck Graphische Betriebe GmbH, Gütersloh 1983.

4. Die Schlachten von Nagashino 長篠 *(1575)* und Tedorigawa 手取川 *(1577)*

Beide Auseinandersetzungen haben eine immense Bedeutung für Oda gehabt. Nagashino war Oda Nobunagas größter Sieg, welcher auf verschiedene strategische und beziehungstechnische Aspekte mit Portugiesen zurückgeht. Die Schlacht von Tedorigawa hingegen ist seine einzige Niederlage in seinem gesamten Einigungsleben, welche dem erfolgsverwöhnten Oda sehr stark zusetzte.

4.1 Die Schlacht von Nagashino 1575

Die Schlacht von Nagashino hatte zwei Fronten. Auf der einen Seite waren die Truppen des Oda Nobunaga kombiniert mit denen des Tokugawa Ieyasu 徳川 家康 (1543-1616) und auf der anderen Seite kämpfte die Armee des Takeda Katsuyori 武田 勝頼 (1546-1582). Truppentechnisch war Oda Nobunagas Seite eindeutig im Vorteil, er besaß um die 30.000 Soldaten und Tokugawa kommandierte ca. 8000 Mann, während Takeda 15.000 Soldaten befehligte.[10] Daran kann man schon sehr gut erkennen wie unausgeglichen dieser Kampf war und das von Anfang an. Aber Takeda Katsuie war von seiner Kavallerie, welche in ganz Japan bekannt und somit gefürchtet war, äußerst überzeugt und siegessicher. Jedoch ahnte er nicht welche Mittel Oda benutzen würde und wie er agieren würde. Er nutzte eine Waffe, welche in Japan allerdings schon zuvor recht bekannt war, die Arkebuse. Ihr Ruf hatte den einer fehlerbehafteten Waffe, auf Grund von mehreren Eigenschaften. Die Ladezeit war viel zu lang, der Rückstoß sehr groß, manchmal funktionierte die Waffe nicht, einzelne Teile fielen ab oder der Schuss schlug fehl. Deswegen war zu diesem Zeitpunkt eine effektive Nutzung auf dem Kampffeld recht niedrig angesetzt. Aber Oda kombinierte die Arkebusen mit einer neuen Technik. Er positionierte kleine Schwadronen von Arkebusen-Schützen hinter Bambuspalisaden. Da zwischen dem Schuss und dem Nachladen ein zu großes zeitliches Intervall lag, erstellte Oda mehrere Reihen von Arkebusen-Schützen, welche abwechselnd schossen. Somit wurde nahezu ein Dauerfeuer erreicht. Durch die Palisaden gut geschützt (s. Abb. 1), konnten sie effektiv feuern und hinter ihnen standen mehrere Fußsoldaten 足軽 (*Ashigaru*). Diese verteidigten die Arkebusen-Schützen falls doch einmal ein Pferd beziehungsweise ein Reiter die Palisade überwand.[11] [12]

---

[10] TURNBULL, Stephen R. *Nagashino 1575: Slaughter at the Barricades*. Westport, Conn.: Praeger Press 2005.
[11] TURNBULL, Stephen R. *Nagashino 1575: Slaughter at the Barricades*. Westport, Conn.: Praeger Press 2005.
[12] LAMERS, Jeroen Pieter. *Japonius Tyrannus: The Japanese Warlord Oda Nobunaga reconsidered*. Leiden: Hotei Publishing 2000.

Daher konnte die Takeda-Kavallerie kaum fortschreiten, da sie andauernd durch diese geniale und zuvor nie dagewesene Kombination aus westlichen Waffen und Odas Strategie gestoppt worden ist. Natürlich hatten auch andere strategische Aspekte eine Auswirkung auf den Sieg, zum Beispiel Odas Anpassung an die Struktur des Schlachtfelds und die Positionierung seiner Truppen und Generäle.

Folglich errang Oda zusammen mit Tokugawa seinen größten Sieg. Dieser Sieg veränderte die allgemeine Ansicht gegenüber den Arkebusen, welche zuvor als unzuverlässig galten und das aus diversen Gründen, welche ich oben schon genannt habe.

4.2 Die Schlacht von Tedorigawa 1577

Tedorigawa war wohl eine schreckliche Ernüchterung für Oda Nobunaga, da er zu der Zeit und gerade nach der Schlacht von Nagashino doch sehr an Siege und Erfolg gewöhnt war. Es war eine Auseinandersetzung zwischen Oda Nobunaga und Uesugi Kenshin 上杉 謙信 (15-30-1578). Uesugi war zu seiner Zeit sehr bekannt und sein Mut, sowie seine Strategien waren sehr gut bekannt unter den anderen Feldherren. Er ist wohl am besten bekannt für seine Rivalität mit dem Feldherren Takeda Shingen 武田 信玄 (1521-1573). Die Schlacht von Tedorigawa war, wenn es um die Anzahl der Truppen geht und wenn man beide Männer betrachtet, wohl eher ausgewogen. Oda befehligte 40.000 Mann und Uesugi ca. 30.000 Soldaten. [13] Die Entscheidung der Schlacht war eine entscheidende nächtliche Finte des Uesugi. Odas Widersacher gab vor, seine Truppen aufgeteilt zu haben und die Reaktion des Oda ließ nicht lange auf sich warten. Sofort entsandte er den Shibata Katsuie 柴田 勝家 (1522-1583). Uesugi wiederum hatte dieses Vorgehen geplant und öffnete die Schleusentüren des Flusses. Somit schlug der Arkebusen-Angriff fehl und der Sturmangriff der Oda wurde wegen dem Strom des Flusses stark gehemmt. Noch dazu kam, dass Odas Hauptarmee größtenteils aus Fußsoldaten bestand und er letztendlich den Rückzug in die Ōmi Provinz 近 江国 (Ōmi no kuni) anordnete.[14]

Diese Niederlage schmerzte Oda sehr, aber unter all seinen restlichen, siegreichen Schlachten ist ihr wohl nicht so viel Aufmerksamkeit entgegenzubringen.

5. Oda und Akechi

Die Beziehung dieser zwei Männer ist wohl sehr wichtig gewesen für den späteren Verlauf Japans und die Entwicklung des Landes. Akechi Mitsuhide galt als aufrichtiger, ruhiger,

---

[13] Rekishi Gunzô Shirizu , Uesugi Kenshin Japan: Gakken, 1999.
[14] UNKNOWN. "Uesugi Kenshin". In: *Rekishi Gunzô Shirizu*.

gebildeter und gerechter Mann. Während Oda Nobunaga als tyrannischer, eroberungslustiger und rücksichtsloser Herrscher bekannt war. Viele Jahre hatte Akechi seinem Herrn sehr treu gedient und dies wurde auch von Oda dementsprechend anerkannt, indem er Akechi Ländereien gab und ihn somit belohnte. Aber neben all diesen positiven und schönen Momenten war es für Akechi nicht immer sehr einfach unter Oda zu dienen. Mehrmals wurde er von seinem Herrn gedemütigt und diese auf undenkliche Art und Weise, welche vielleicht so einiges erklärt, aber nicht unbedingt ausschlaggebend für den Konflikt bei Honnō-ji ist.

5.1. Oda Nobunagas Demütigungen gegenüber Akechi Mitsuhide

Um einmal ein Beispiel der Demütigung anzubringen, kann man erwähnen, dass Akechi im Jahre 1579 einen Feind belagerte und diesem riet aufzugeben und sich Oda Nobunaga damit zu ergeben. Als Beweis seiner Aufrichtigkeit entsandte Akechi seine Pflegemutter in die belagerte Festung. Nichtsdestotrotz tötete Oda den schwachen Feind nun doch und Akechis Pflegemutter wurde somit ermordet.[15] Dies erfüllte den tragischen Helden Akechi Mitsuhide, der äußerst aufrichtig handelte mit grenzenloser Wut. Aber er ließ sich dies nicht anmerken und verrichtete seinen Dienst weiterhin auf gewohntem hohem Niveau. [15]

Ein weiteres gutes Beispiel ist der Vorfall als Akechi sich ein paar neue Männer als Untertanen gemacht hatte und Oda auf diese Handlung äußerst gewaltvoll reagierte. Er packte den Akechi Mitsuhide im Beisein mehrerer Feldherren, stieß ihn gegen einen Pfeiler und schlug ihm in das Gesicht, bis seine Nase stark blutete. Akechi tief in seiner Ritterwürde gekränkt ließ sich selbst nach diesem rücksichtslosen Vorgehen seines Meisters nicht anmerken, verbiss seinen Zorn und machte wie gehabt weiter.[15]

Einmal befahl Oda dem Akechi sein Gesicht herzuhalten und malte ihm einen Bart an. Vor versammelter Menge verwandelte Oda einen seiner treusten und verlässlichsten Untertanen in einen Clown. Akechis Selbstbeherrschung muss wahrlich grenzenlos gewesen sein.[15]

Ein weiteres Mal machte er Akechi gegenüber Vorwürfe über seine prunkvollen Schlösser. Niemand sollte Odas Schloss Azuchi 安土城 (Azuchi-jō) in den Schatten stellen, denn es war eines seiner primären Festungen und er wollte, dass es als eines der schönsten und prachtvollsten Schlösser bekannt wird und dass dies auch so bleibt.[15]

Auch setzte sich Akechi mehrmals für besiegte Truppen ein, wie die für die des Takeda Shingen. Oda beobachtete diesen Einsatz des Mitsuhide eher misstrauisch und wurde dadurch nur gereizt.[15]

Letztendlich schien es wohl offensichtlich, dass zwischen diesen beiden Männern wenn man das genannte alles beachtet irgendwann zur Eskalation kommen würde aber dies ist nicht unbedingt der Hauptgrund.

---

[15] LAURES, Johannes. *Gracia Hosokawa*. Kaldenkirchen: Steyler 1956.

5.2 Der Vorfall bei Honnō-ji 1582 und das Ende Akechis in Yamazaki 1582

Toyotomi Hideyoshi 豊臣 秀吉 (1537-1598) war im Jahre 1582 im Kampf mit den Mori 毛利氏 (*Mōri-shi*). Oda entsandte Akechi als Unterstützungseinheit mit anderen Generälen zu der Schlacht. Aber dieser wiederum sammelte seine Truppen und ritt mit ca. 13.000 Mann[16] gen Honnō-ji um Oda Nobunaga letztendlich zum Seppuku 切腹[17] zu forcieren und den Tempel in Flammen aufgehen zu lassen.

Warum er dies tat ist heutzutage noch unbekannt. Entweder hatte er die Ambition Japan selbst zu einigen oder Odas Demütigungen gegenüber ihm waren der Grund.

Toyotomi, welcher sofort Frieden mit den Mori schloss als er von Odas Tod erfuhr, verfolgte Akechi alsdann und besiegte ihn in der Schlacht von Yamazaki 山崎の戦い (*Yamazaki no tatakai*). Akechi floh und erlag letztendlich einer Gruppe Bauern, die ihn ausraubten und enthaupteten.[18]

6.Fazit

Oda Nobunaga wird von den meisten Historikern und Betrachtern als rücksichtsloser Tyrann gesehen, welcher nur auf seinen eigenen Nutzen bedacht war. Ich denke, dass dies nicht unbedingt falsch ist, aber Oda Nobunaga hat zweifelsfrei Großes vollbracht und das heutige Japan in einem bestimmten Umfang mitgeformt.

Er hatte die Mönche des Berges Hiei wieder zu ihren Wurzeln zurückgeschickt und somit dem Buddhismus letztendlich einen friedlichen, rein religiösen Charakter gegeben, welcher nichts mit dem politischen Geschehen zu tun haben soll.

Er schuf in der Stadt Azuchi einen vereinfachten Handel, sorgte für Ordnung und ließ dort und in der Provinz von Owari die Straßen regelmäßig in Stand halten um den Handel zu verstärken.[16]

Seine Art des Auswählens von Truppen hatte nichts mit Ständen oder Geschlechtern zu tun. Er wählte nach Können aus und belohnte jene die ihm ordentlich dienten.

---

[16] LAMERS, Jeroen Pieter. *Japonius Tyrannus: The Japanese Warlord Oda Nobunaga reconsidered.* Leiden: Hotei Publishing 2000.

[17] rituelle Art des männlichen Suizids, um Familienehre wiederherzustellen

[18] LAURES, Johannes. *Gracia Hosokawa*. Kaldenkirchen: Steyler 1956.

Er pflegte gute Beziehungen mit den portugiesischen Händlern und Missionaren und war somit einer der einzigen, der guten Zugriff auf deren Technologie, wie Gewehre hatte, welche ihm wichtige Vorteile in Schlachten ermöglichten.[16]

Oda Nobunaga hatte ein sehr gutes Verhältnis zu dem Kaiser, welcher ihn oft reich belohnte, noch dazu war der Kaiser die einzige Person, der sich Oda Nobunaga verbeugte. Der Shogun[19]将軍 (Shōgun) war fest unter seiner Kontrolle und erschien schon fast wie ein Vasall Odas.

Die Gegenseite ist eindeutig und nicht zu verkennen. Er mordete viele Menschen auf grausame Art und Weise, selbst obwohl sie sogar oftmals gar nichts mit Odas Widersachern zu tun hatten. Ob Männer, Frauen oder Kinder, es war für ihn alles gleich. Sein rücksichtsloses Verhalten war unübertroffen, selbst zu seiner Zeit, in der viele andere Feldherren mit ihm mitstreiteten.

Letztendlich möchte ich festhalten, dass Oda Nobunaga trotz alledem den Einigungsprozess Japans einleitete und für seine Vasallen das Rohgerüst eines vereinten Japans schaffte. Toyotomi Hideyoshi und Tokugawa Ieyasu vollendeten Oda Nobunagas Arbeit, wenn auch ihre Stile der Einigung etwas anders waren.

Was mich absolut nicht zufrieden stellt, ist die Thematik um den Grund warum Akechi Mitsuhide seinen Herrn verriet. Die Sekundärliteratur widerspricht sich oftmals und leider bin ich nicht in der Lage geeignete Primärliteratur zu lesen, um Nobunagas originale Biografie zu lesen, ist mein Japanisch noch nicht fortgeschritten genug und somit ist es mir nicht möglich diese Frage absolut zu beantworten. Zusätzlich hätte ich gern das Verhältnis zwischen Oda und dem Shogun erläutert, wie Oda diesen von sich abhängig machte und ihn damit sozusagen in seine Marionette verwandelte aber leider erlaubt mir das der Umfang der Arbeit nicht. Auch musste ich umfangstechnisch bedingt die Erklärung Odas Strategien stark kürzen.

Ich möchte meine Arbeit mit folgendem Zitat abschließen, welches die Politik und den Charakter Odas und seiner zwei Nachfolger wohl am besten unterstreicht.

„Oda Nobunaga pounded the rice, Hideyoshi baked the cake, And Tokugawa Ieyasu ate it."[20]

---

[19] Bezeichnung für Militärführer in Japan
[20] WESTON, Mark. *Giants of Japan The Lives of Japan's Greatest Men and Women.* New York: Kodansha America, Inc. 1999. Seite 140.

Literaturverzeichnis

BERRY, Mary Elizabeth. *Hideyoshi*. Cambridge, Mass.: Council on East Asian Studies 1982.

BRYANT, Anthony. *Sekigahara 1600. The Final Struggle for Power*. Westport: Praeger Press 2005.

DUUS, Peter. *Feudalism in Japan*. 2. Auflage. New York: Alfred A. Knopf 1969.

GAY, Suzanne. "[REZ.] Lamers Jeroen, Japonius Tyrannus: The Japanese Warlord Oda Nobunaga reconsidered, Leiden, Hotei Publishing, 2000." In: H-Japan (2001).

HALL, John Whitney. *Japan before Tokugawa. Political Consolidation and Economic Growth, 1500 to 1650*. Princeton: Princeton University Press 1981.

HIRAIZUMI, Kiyoshi. *The Story of Japan. History from Oda Nobunaga to the Greater East Asian War*. 3. Auflage. Tokyo: Seisei Kikaku 2002.

JŌHEI, Sasaki. "The Era of the Kanō School". In: *Modern Asian Studies*. 18 (1984), S.647–656.

LAMERS, Jeroen Pieter. *Japonius Tyrannus: The Japanese Warlord Oda Nobunaga reconsidered*. Leiden: Hotei Publishing 2000.

LAURES, Johannes. *Gracia Hosokawa*. Kaldenkirchen: Steyler 1956.

LAURES, Johannes. *Two Japanese Christian Heroes. Justo Takayama Ukon and Gracia Hosokawa Tamako*. Tokyo: Bridgeway Press Books 1959.

LIDIN, Olof G. *Tanegashima The Arrival of Europe in Japan*. Kopenhagen: Nias Press 2002.

MATSUBARA, Hisaki. *Weg zu Japan*. Hamburg: Mohndruck Graphische Betriebe GmbH, Gütersloh 1983.

MCMULLIN, Neil. *Buddhism and the State in Sixteenth-Century Japan*. Princeton: Princeton University Press 1984.

PONSONBY-FANE, Richard. *All About Kyoto The Old Capital of Japan 794–1869*. Kyoto: The Ponsonby Memorial Society Kamikamo, Kyoto, Japan 1956.

TURNBULL, Stephen R. *Essential Histories War in Japan 1467–1615*. Oxford: Osprey Publishing 2002.

TURNBULL, Stephen R. *Nagashino 1575: Slaughter at the Barricades*. Westport, Conn.: Praeger Press 2005.

TURNBULL, Steven. *Samurai armies 1467–1649*. Oxford: Osprey Publishing 2008.

UNKNOWN. "Uesugi Kenshin". In: *Rekishi Gunzô Shirizu*.

WESTON, Mark. *Giants of Japan The Lives of Japan's Greatest Men and Women.* New York: Kodansha America, Inc. 1999.